Lesen lernen mit Feen und Prinzessinnen

Die schönsten Lesebildergeschichten für den ersten Leseerfolg

gondolino

FSC
www.fsc.org
MIX
Papier aus verantwortungsvollen Quellen
FSC® C018236

ISBN 978-3-8112-3509-0
1. Auflage 2019

Umschlagillustration: Heike Wiechmann
Umschlaggestaltung: Jennifer Wunderwald
Texte: Bato, Werner Färber, Christine Raudies, Katja Reider
Illustrationen: Julia Ginsbach, Karin Schliehe, Petra Theissen
Printed in the EU

Der Umwelt zuliebe gedruckt auf chlorfrei gebleichtem Papier.

www.gondolino.de

Inhalt

Ritterkampf mit Strumpf

 Rosa möchte heute am liebsten im  bleiben. Aber die  zieht ihr die  weg und kitzelt sie an den 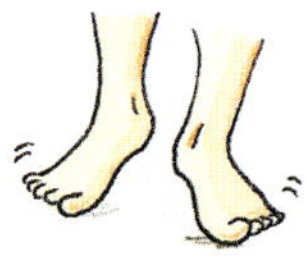.

„Aufstehen, “, ruft sie. „Heute findet doch der große  der  statt.“

Sofort springt Rosa aus dem 

und rennt zum  . Auf der

 haben sich bereits die

ersten  aufgestellt.

„Hilfe!“, ruft Rosa. „Die fangen ja ohne mich an!“ Schnell zieht sie sich an und setzt ihre goldene  auf. Wie ein  rast sie hinunter auf die . Sie soll doch den  der  eröffnen!

Unten angekommen bemerkt sie,

dass sie ihr  vergessen hat.

Ich  !, schimpft Rosa mit sich selbst.

Ich soll doch ein  fallen

lassen, damit alle wissen, dass es

losgeht.

Die  denkt angestrengt nach.

Da fällt ihr etwas ein. Schnell zieht

sie einen 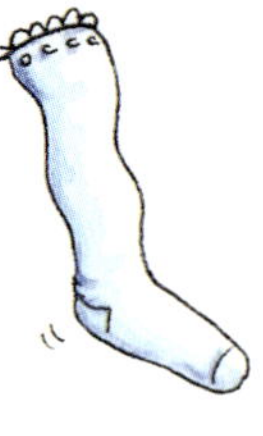 aus.

Er ist weiß und noch fast sauber.

Wenn man nicht so genau hinschaut,

sieht er fast wie ein  aus.

Sicher wird niemand etwas merken!

Die  knüllt den 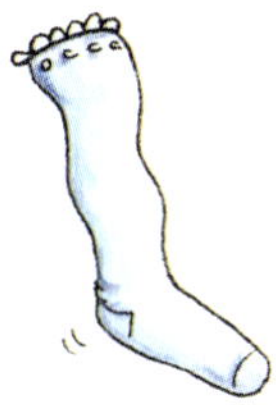 zusammen

und lässt ihn fallen. Aber anstatt

direkt im  zu landen,

breitet der 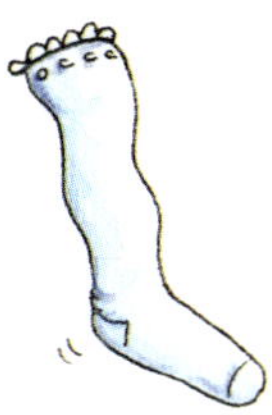 sich aus und segelt

langsam nach unten.

Oh nein!, denkt Rosa erschrocken.

Jetzt kann man es doch erkennen,

dass es ein 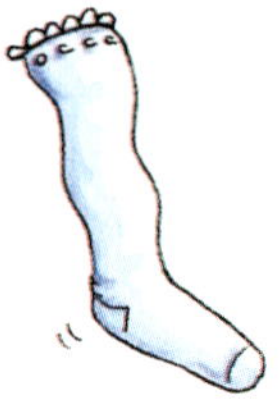 ist!

Rosa bekommt knallrote 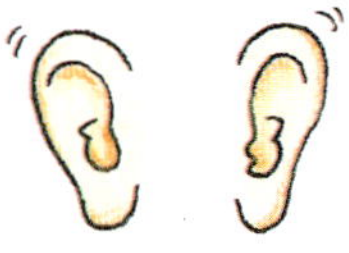.

Doch da stürmen die  los.

Alle schauen ihnen zu.

Und niemand denkt mehr an die

 und ihren 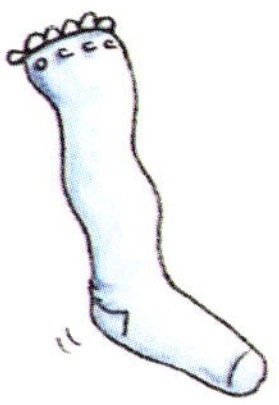 .

Fiorina ist müde

Fiorina, die kleine , öffnet

ihre  und schaut sich um.

Oh, die  steht ja schon hoch

am  ! Die  singen

und die  summen um die

bunten  herum. Aber die

kleine  mag nicht aufstehen.

Ihr 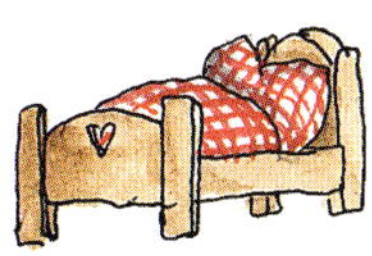 aus  und

weichen  ist ja sooo gemütlich!

Fiorina gähnt und kuschelt sich

wieder in die .

Doch da kommt Stichel, der ,

zum  der kleinen .

„Hallo, Fiorina!“, ruft der 

fröhlich. „Wollen wir spielen?“

Die kleine  schüttelt den .

„Och, nein! Ich bin noch so müde!

Schau, ich habe nicht mal

meine  gebürstet!“

Der kleine  lacht: „Das kann

ich doch übernehmen. Warte!“

Vorsichtig gleitet Stichel mit

seinen 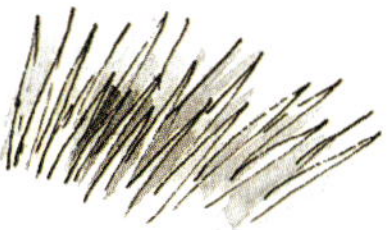 durch die 

der kleinen . Fiorina staunt:

„Deine 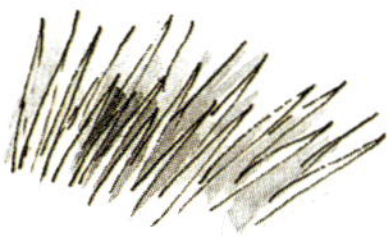 sind ja besser

als meine !“

Der kleine  lächelt stolz.

„Spielen wir jetzt?“, fragt er dann.

„Gern“, sagt die kleine .

„Wenn ich nur nicht so hungrig wäre! Mein  knurrt wie ein . Hörst du, Stichel?“

Da läuft der kleine  schnell

hinüber zu den  und

holt Fiorina ein paar  vom

leckeren 

. Die kleine 

leckt den 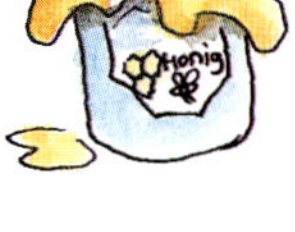

von ihren 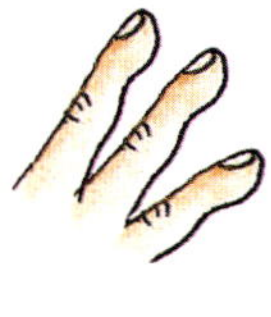 .

Dann gähnt sie wieder. „Aber

müde bin ich immer noch!“

Der kleine  überlegt.

Dann rennt er zum  hinunter

und kehrt pitschnass zurück.

Die kleine  wundert sich.

Was hat Stichel denn nur vor?

Will er etwa ...? Tatsächlich:

Der kleine  schüttelt seine

nassen 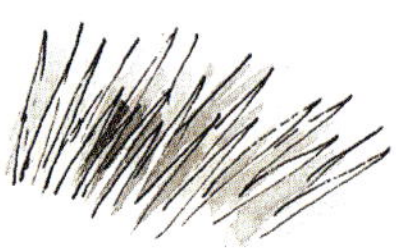 über Fiorinas 

aus. Oh, wie die  fliegen!

Zuerst will die kleine 

schimpfen, aber dann lacht sie:

„Danke für die , Stichel!

Jetzt bin ich endlich munter!

Komm, wir spielen!“

Pia küsst den Prinzen

Die kleine  Pia spielt mit

Eduard. Eduard ist ein echter .

„Wollen wir  und 

spielen?“, fragt Pia. „Ich bin

die  und gehe einkaufen.

Und du küsst mich, bevor ich

unser  verlasse.“

„Können wir nicht lieber spielen,

dass ich mein  sattle und

 jage?“, fragt der .

„Gut! Dann gehst eben du aus dem “, stimmt Pia zu. „Geküsst wird so oder so.“ „Aber ohne zu sabbern“, sagt der . „Versprochen“, sagt die kleine .

Eduard verzieht das  und

schließt die . Zaghaft beugt

er sich Pia entgegen. Kaum hat

sie ihn geküsst, verschwindet

der  in einer dunklen .

„Was ist denn nun los?“, fragt Pia.

Die  verzieht sich. Wo eben noch Eduard gestanden hat, hockt nun ein . „Ach du dickes 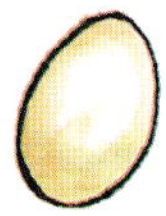“, sagt die kleine  erschrocken.

„Küssen ist doof“, quakt der 

beleidigt. Pia lacht. „Lach nicht.

Küss mich lieber noch mal“, sagt

Eduard, der . „Muss das

sein?“, fragt die kleine . Sie

ekelt sich vor dem .

„Aber ohne zu sabbern“, sagt Pia.

„Versprochen“, quakt Eduard.

Die kleine  beugt sich

vorsichtig zu ihm hinunter.

Kaum hat sie den  geküsst,

verschwindet er in einer  .

Die  verzieht sich. Wo eben

noch der  gesessen hat,

steht jetzt wieder der .

„Ich spiele nie wieder  und

 mit dir“, sagt Eduard.

„Schade“, sagt die kleine  .

„Ich würde dir ganz viele 

fangen, wenn du wieder ein 

wärst.“

Wünschen will gelernt sein

Heute war der  los. Immerzu

wünschte sich jemand etwas:

, eine zahme  ...

Die  Galina konnte sich

kaum noch auf den  halten.

Und da kam schon wieder

einer! Nicht zu fassen!

„Was der sich wohl alles wünschen

wird?“, fragt sich Galina.

„He,  !“, rief der dicke  .

„Ich will sofort sportlicher aussehen.

Ich wünsche es mir. Los!“

Als gute  musste Galina auch

diesem frechen  helfen.

Aber sie konnte ihm wenigstens

eins auswischen!

Galina schwenkte ihren  .

Plopp! Der  fiel aus allen  :

Er war nun dürr wie eine  ,

mit einem 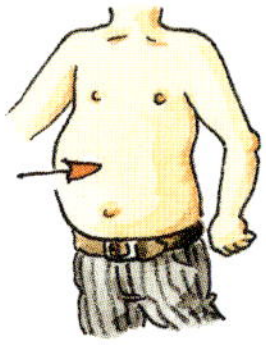 wie eine  !

„Na, wie ist das? So dürr sind die,

die besonders hoch springen

können“, sagte Galina. „Und wer

 stemmt, hat so einen 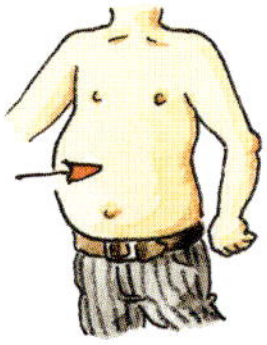 .

Ist dir das sportlich genug?“

Der  schluckte, wurde aber gleich wieder frech.

„Jetzt will ich so viel , wie in meinen großen  passt. Los!“, sagte er ungeduldig zu Galina.

Plopp! Sein 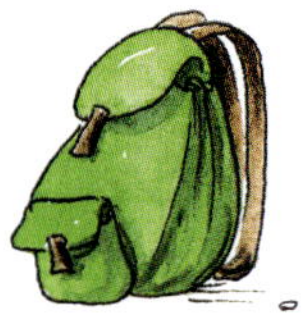 war plötzlich so

klein wie eine .

„Soll ich dir eine  leihen?“,

fragte Galina grinsend.

„Du hast doch einen  !“,

rief der  . Aber als Galina

drohend ihren  hob, nahm er

dann doch lieber die  in die 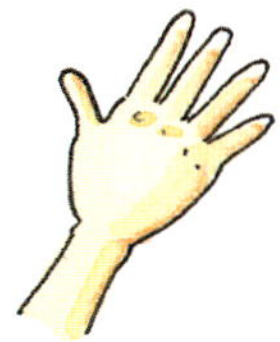 .

Himmlische Rutschbahn

Es regnet und regnet. Tausend dicke  platschen auf den  der kleinen . Und am  ziehen dunkle . Der  Stichel, der kleine  und Ava, die , sitzen bei Fiorina unter dem .

Sie knabbern  und .

„Dieser dumme  hört einfach

nicht auf“, schimpft der .

„Ich will endlich wieder draußen

im  spielen!“

„Wir auch." Die kleine 

und der  nicken traurig.

„Du, Fiorina", meint Ava plötzlich.

„Kannst du den  mit

deinem  nicht einfach abstellen?"

Die kleine  schüttelt den . „Ich darf nichts zaubern, was den  oder den  schaden könnte.

Wir hatten viel  und brauchen

jetzt den , damit der 

nicht austrocknet und die 

und  nicht verdursten!“

Das sehen der  , die 

und der kleine  ein.

Aber langweilig ist es doch!

Die kleine  überlegt und

dann sagt sie: „Ich könnte uns

ja einen  zaubern!“

Alle sind begeistert. Also schwingt

Fiorina ihren  und über ihrem

 erscheint ein .

Und was macht die kleine  dann?

Sie zaubert vier kleine  .

Damit klettern der  , die  ,

der  und die kleine 

den  hinauf.

Und dann rutschen alle vier

den  wieder hinunter.

Gut, dass die kleine  auch

bei  zaubern kann!

Besuch im Schloss

Die kleine  macht sich heute besonders hübsch. Ein fremder  und eine fremde  werden im  erwartet. Und eine , die so alt ist wie Pia, kommt auch mit. Pia zieht ihr schönstes  an. Sie bindet eine große .

Dann macht sie die goldenen 

zu. Sie streift die langen 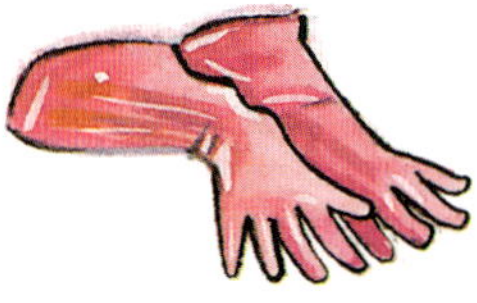

über und zieht die  an.

Auch ihre  kämmt die

kleine  heute besonders

gründlich. Zuletzt setzt sie sich vor

dem  ihre  auf.

Als sie zum großen 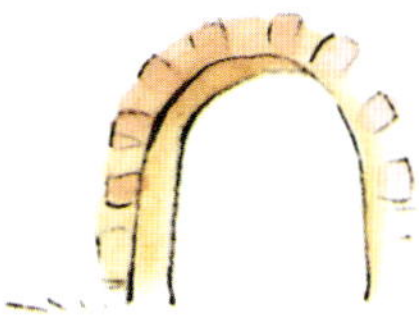

kommt, warten dort schon alle auf

die . Leider hat es geregnet.

Pia muss aufpassen, dass ihr 

nicht schmutzig wird.

Bald sind auf der 

die  zu hören.

Direkt vor der kleinen  rollt die

 durch eine große .

Das schöne  wird schmutzig.

Die kleine  versucht es

sauber zu wischen. Aber dadurch

wird alles nur noch schlimmer.

Pia würde am liebsten heulen.

Da steigt schon die fremde 

aus der . Sie sieht Pia und

winkt ihr fröhlich zu. Pia hebt

zögernd die  und winkt zurück.

Die fremde  läuft zu ihr.

Sie springt über die 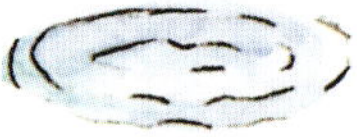,

rutscht aus und fällt hin. Nun ist

auch ihr  völlig schmutzig.

Pia geht zu ihr und hilft ihr auf.

„Mach dir nichts draus“, sagt

sie. „Ich sehe auch aus wie ein

kleines .“ Kichernd gehen

die beiden  ins 

und ziehen sich etwas anderes an.

Die Zahnfee

Die  ist nur so groß wie deine 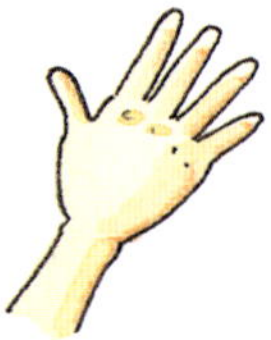. Aber sie ist die mutigste und stärkste aller . Das glaubst du nicht? Dann hör mal gut zu! Mutig muss sie sein, weil sie die 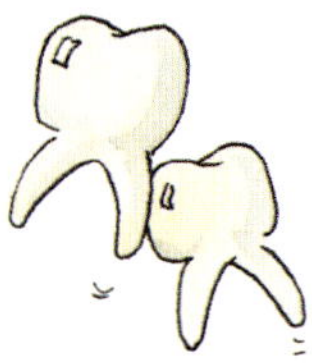 der  unter den  hervorholen muss.

Und das, ohne sie zu wecken.

Denn wenn jemand die  sieht,

erstarrt sie zu ! Und stark

muss sie sein, weil die  fast so

viel wiegen wie die  selbst.

Und sie schleppt ja auch noch die

, die sie unters 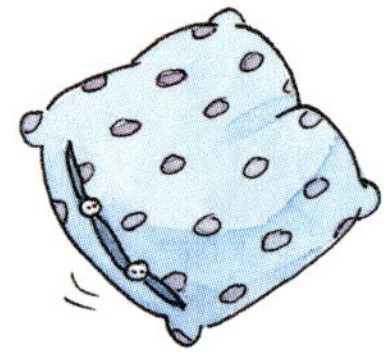 legt!

Deshalb trainiert die  täglich

in einer stillen, dunklen .

Sie schnallt sich einen schweren

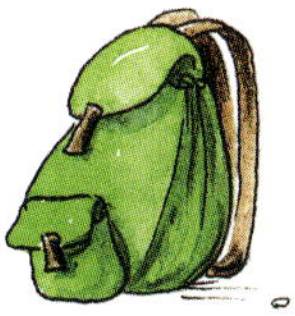 um und setzt  auf.

Wozu sie die braucht?

Na, manche  schnarchen

so laut, dass die 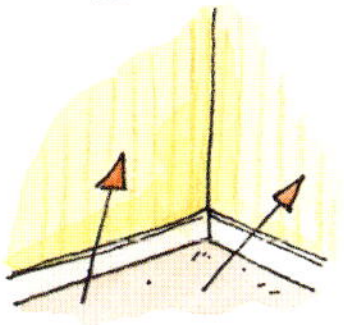 wackeln.

Das kann eine so kleine 

schon mal aus den 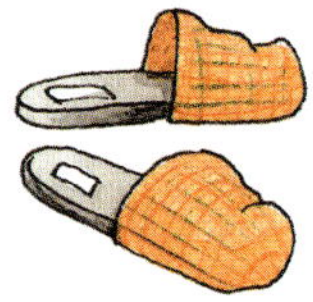 hauen.

Die  tastet sich dann

vorsichtig die dunkle  entlang.

An den 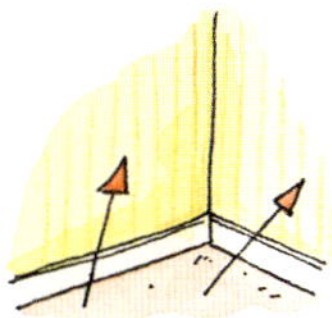 sind .

Sie muss die  darunter

herausfischen, ohne die 

zu bewegen. Sonst geht sofort

eine  los.

Nur gut, dass sie  trägt!

Wenn sie schließlich alle 

beisammen hat, fliegt sie mit dem

schweren  wieder nach unten.

Ganz schön anstrengend, was?

Jetzt glaubst du mir wohl auch,

dass die  die mutigste

und stärkste aller  ist!

Der siebte Zwerg

Die kleine  sitzt auf ihrer  und summt vor sich hin. Plötzlich entdeckt sie eine rote 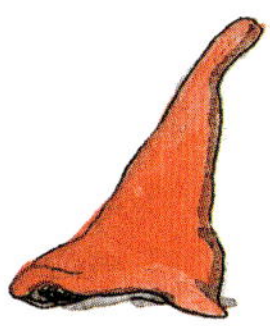 im hohen . Wer da wohl druntersteckt? Schnell hüpft die kleine  von ihrer  und läuft auf die  zu.

Na so was, da sitzt ja ein

kleiner  ! Er hat einen langen

weißen  und trägt eine 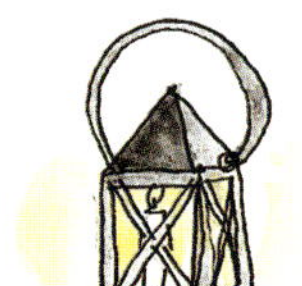

in der 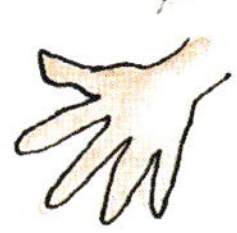. Aber was ist das?

Oje, der  weint!

„Kann ich dir helfen?“, fragt die

kleine  . Der  schnieft. „Ich

habe mich verlaufen“, jammert er.

„Ich finde nicht mehr nach  !

Weißt du, ich wohne in einem

großen  . Da stand ich

immer mit sechs anderen 

zwischen vielen bunten  .

Bis ich weggelaufen bin, weil

ich die  sehen wollte.

Aber die  ist mir zu groß!

Ich will zurück in meinen 

zu den sechs anderen ."

Das versteht die kleine  .

Sie ruft den , der im 

über dem  wohnt. Seine

scharfen  sehen alles,

auch einen , in dem

der siebte  fehlt!

Schnell klettern Fiorina und der kleine  auf den  des . „Haltet euch gut fest!“, ruft der große , bevor er seine  ausbreitet.

Und dann fliegen sie los, über

den  ,  und  .

Bald schon hat der große 

den richtigen  entdeckt –

den  , in dem der

siebte  fehlt!

Der kleine  strahlt über

beide . Er läuft gleich zu

den anderen . „Danke,

kleine ! Danke, großer !“,

ruft er und winkt mit seiner .

Und Fiorina winkt fröhlich zurück.

Flotte Fahrt

Pia hat ein neues  .

Es ist rot wie ein  .

Der 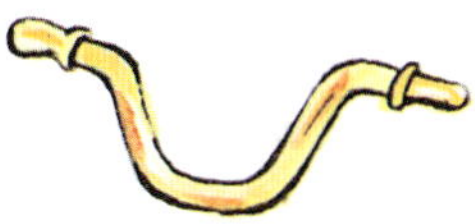 funkelt golden in

der  . „Probier es aus, ich

halte dich fest“, sagt der  .

Die kleine  steigt auf.

„Pass bloß auf“, sagt die  .

Pia tritt in die 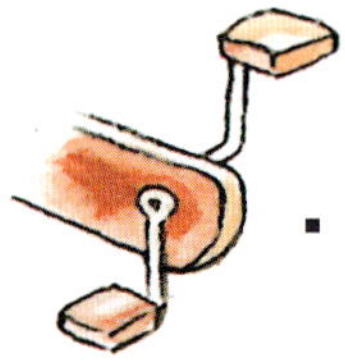 . „Gut so!“, ruft der  und schiebt. Die kleine  rollt einen  hinunter. Mit fliegendem 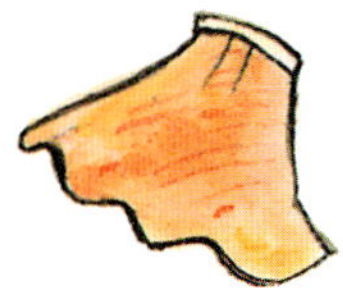 läuft die  nebenher.

„Ich kann es!“, ruft Pia. „Nicht so schnell“, keucht der  . Er stoplert und lässt los. „Du musst bremsen, Pia!“, ruft die  .

Doch die kleine  kann sie nicht hören. Sie probiert nämlich gerade die  aus. Ding-dong, ding-dong! Mit surrenden 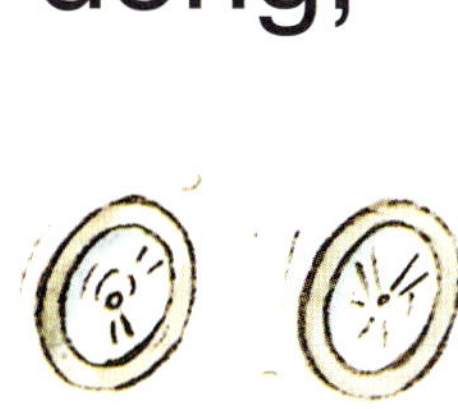 saust Pia den  hinunter.

Der  versucht sie einzuholen.

Endlich wird Pia langsamer. Es geht

wieder bergauf. Keuchend erreicht

der  das .

Er hält es fest, bevor es umkippen

kann. Die kleine  dreht sich

halb zu ihm um. Sie strahlt den

 an. „Darf ich jetzt auch mal

alleine?“, fragt sie ihn.

Badetag

Auf  Rosenfels wird heute gebadet. Die  hat genug von ungewaschenen 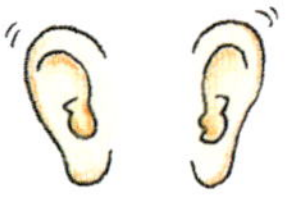 und schmutzigen 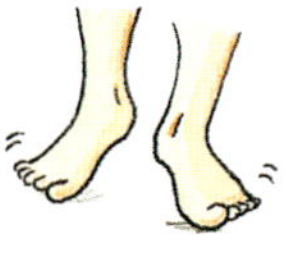. Deshalb müssen alle nacheinander vor der  erscheinen und sich in die  setzen.

Dann schrubbt ihnen die 

persönlich den 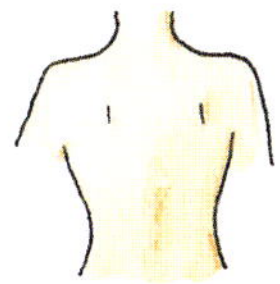 .

„Muss ich auch baden, Mama?“,

mault  Lea, als sie dran ist.

„Ich bin doch ganz sauber!“

„Aber Lea“, sagt die  , „du willst

doch nicht aussehen wie ein  !

Komm her, ich knöpfe dir dein 

auf.“

Doch  Lea denkt gar nicht daran. Sie macht der  eine lange , dreht sich um und springt kichernd um die  herum.

„Da wird ja der  in der 

verrückt“, schimpft die  .

„Komm sofort her!“

Aber dann muss sie doch lachen.

„Na warte“, kichert sie, „dich krieg

ich schon.“

Die  rennt hinter Lea her,

immer um die  herum.

Endlich bekommt sie die kichernde

 zu fassen. Sie hebt sie hoch

und setzt sie mitsamt 

in die .

Lea macht erst ein ziemlich

dummes . Doch dann grinst

sie fröhlich. „Mama“, sagt sie

prustend, „hängst du mich jetzt

auch mit auf die ?“

Fiorina rettet Fünkchen

Die kleine  liegt unter ihrem  und träumt. Plötzlich spitzt sie die . Wer ruft denn da? Das ist ja Ava, die ! „Komm schnell, Fiorina!“, fiept sie. „Der kleine  ist vom  gerutscht und in den  gefallen!

Seine  sind schon so nass,

dass er nicht mehr allein

herauskommt.“ Oje! Flugs springt

die kleine  auf den 

der  und Ava rennt los.

Tatsächlich, der kleine 

treibt den  hinunter!

„Ich komme, Fünkchen!“, ruft

die kleine . Schon sitzt

Fiorina auf einem großen .

Sie nimmt ihren  als 

und rudert schnell hinter dem

kleinen  her. Die kleine 

streckt ihren 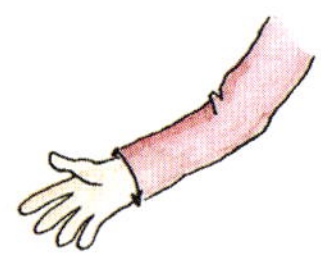 aus und zieht

den nassen  auf ihr .

Puh, Fünkchen ist gerettet!

Stolz paddelt Fiorina mit Fünkchen

zurück ans 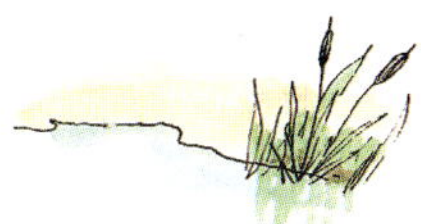 . „Gut gemacht,

kleine  “, lobt Ava, die  .

„Aber warum hast du den

kleinen  nicht einfach

zurück ans  gezaubert?“

Die kleine  kichert. „Oh, Ava,

ich war so aufgeregt! Da habe

ich glatt vergessen, dass ich mit

meinem  nicht nur paddeln,

sondern auch zaubern kann!“

Kurz nach Mitternacht

Pia knipst ihre  an. „Da ist jemand an der , Sindbad“, sagt sie zu ihrem . „Vielleicht ein  oder ein .“

Sindbad knurrt. Dann schläft er einfach weiter. Die kleine  steigt aus ihrem warmen .

Vorsichtig öffnet sie die  .

Der  tapst barfuß an ihr vorüber. Warum der wohl so spät noch durchs  geistert?

Pia schleicht hinter ihm her.

Der  geht zum 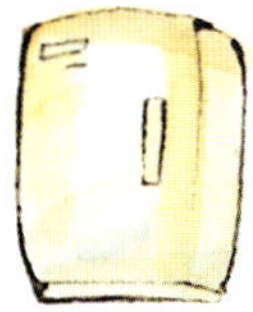 und

nimmt 

und  heraus.

Er holt 

aus dem .

Er stellt alles auf den ,

was er noch für einen  braucht.

Er bindet sich seine rote 

um und greift zum . Pia

kichert. Der  rührt nämlich

in einer leeren . „Willst

du nicht erst alles in die 

geben?“, fragt die kleine .

Doch der  hört sie nicht.

„Huch, der schläft ja noch“, sagt

Pia. Die kleine  beschließt ihm

zu helfen. Sie schlägt die 

auf und gibt nach und nach alles

in die große . Der 

rührt immer weiter. Schließlich füllt

er die . Die stellt er in den

heißen .

Dann legt er seine  ab

und geht. „Schlaf gut“, sagt Pia.

Sie schaut nach, wie lange

ein  backen muss.

Müde wartet sie am , bis er fertig ist. Sicher wird sich der  morgen wundern, wer diesen wunderschönen  gebacken hat, während er im  lag.

Kiri kann fliegen!

Kiri konnte nicht fliegen. Die anderen  sagten oft: „Eine , die nicht fliegt, ist wie ein , der nicht hüpft." Das machte Kiri wütend – und traurig. Und schließlich rannte sie fort. Immer weiter und weiter ...

Irgendwann hielt Kiri an und

erschrak. Wo war sie bloß?

Hoffentlich gab es hier

keine  !

 und  kämpften

nämlich, sobald sie sich trafen.

Weil beide immer in den schönsten

 schlafen wollten.

Aber Kiri war inzwischen so müde,

dass sie sich einfach in eine 

kuschelte und sofort einschlief.

Plötzlich spürte sie etwas

an ihrem .

„Huch!“, rief sie, als sie die 

in ihrer  entdeckte. „Huch!“,

rief auch die .

Sie starrten sich erschrocken an.

Dann sagte Kiri trotzig:

„Mich interessiert überhaupt nicht, dass du eine  bist! Es sind sowieso alle gegen mich und ich bin viel zu müde, um zu kämpfen.“ Sie seufzte. Die  seufzte auch. „Ich weiß, was du meinst.“ Da mussten sie beide lachen. „Vielleicht können wir beide ja zusammen spielen?“, fragte Kiri.

„Ja, aber erst, wenn die 

aufgeht“, murmelte die 

schläfrig.

Als die  aufging, starrten die

 fassungslos in den  .

„Sie reitet auf einer  ?“ –

„Kiri kann fliegen!“ – „Toll, Kiri!“,

schrien sie durcheinander.

Und Kiri, hoch über ihren  ,

winkte und strahlte bis über

beide 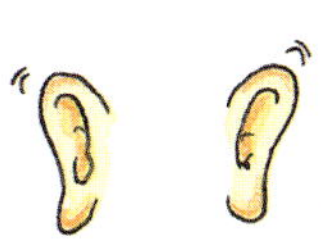 .

Ritterkampf mit Strumpf

Prinzessin

Bett

Königin

Decke

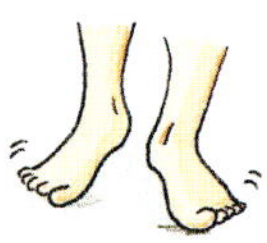
Füße

Kampf

Ritter

Fenster

Wiese

Krone

Blitz

Taschentuch

Esel

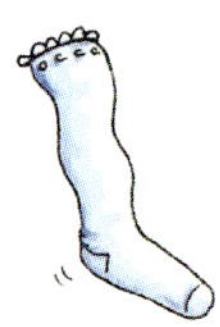
Strumpf

Sand

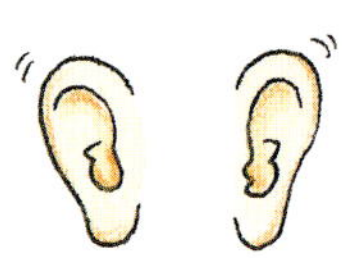
Ohren

Fiorina ist müde

Fee

Augen

Sonne

Himmel

Vögel

Bienen

Blumen

Bett

Kleeblätter

Federn

Igel

Pilz

Kopf

Haare

Stacheln

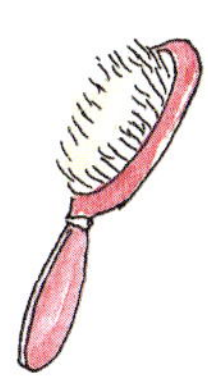

Bürste

Bauch

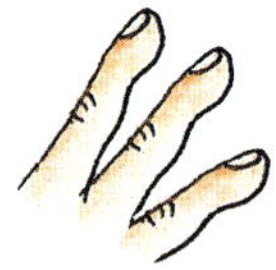

Finger

Löwe

Bach

Tropfen

Dusche

Honig

Pia küsst den Prinzen

Prinzessin

Schloss

Prinz

Pferd

Königin

Wildschweine

König

Gesicht

Augen

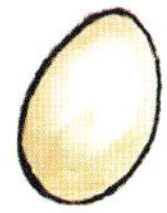

Ei

Wolke

Fliegen

Frosch

Wünschen will gelernt sein

Teufel

Mann

Rollschuhe

Zauberstab

Fledermaus

Wolken

Fee

Bohne

Beine

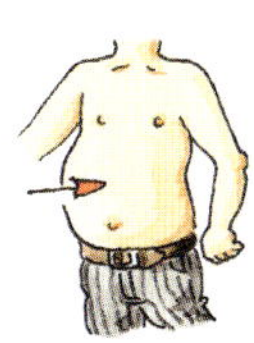

Bauch

Melone

Münze

Gewichte

Lupe

Gold

Vogel

Rucksack

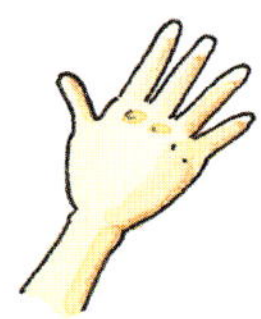
Hand

Himmlische Rutschbahn

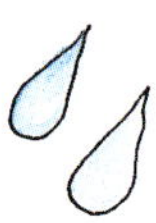
Tropfen

Wolken

Pilz

Igel

Fee

Marienkäfer

Himmel

Maus

Nüsse

Beeren

Regen

Gras

Zauberstab

Kopf

Bäume

Blumen

Sonne

Bach

Regenbogen

Regenschirme

Besuch im Schloss

Prinzessin

Königin

König

Schloss

Kleid

Schleife

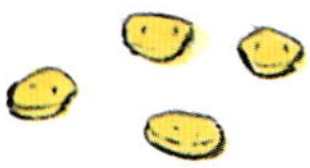

Knöpfe

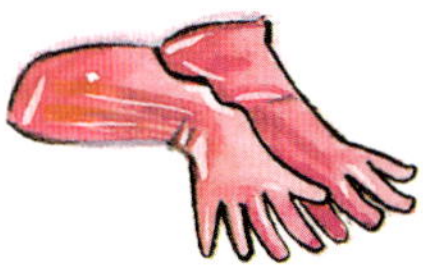

Handschuhe

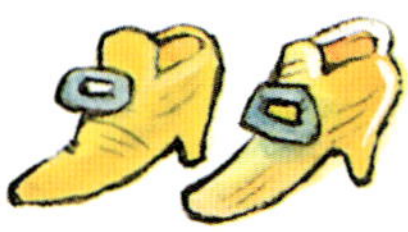

Schuhe

Haare

Spiegel

Krone

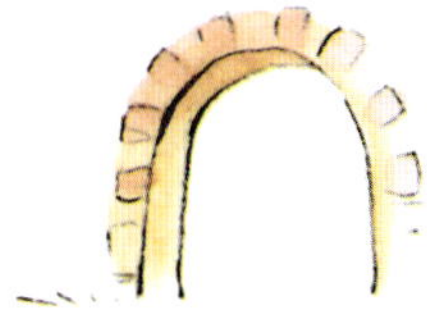

Tor

Kutsche

Brücke

Pferde

Pfütze

Hand

Schwein

Die Zahnfee

Zahnfee

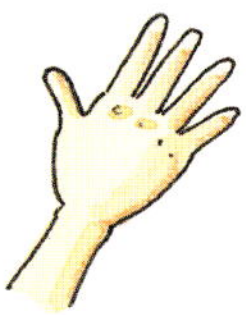
Hand

Feen

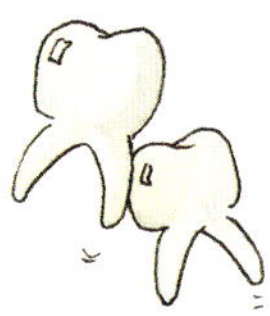
Zähne

Kinder

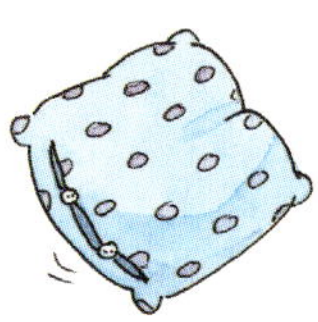
Kopfkissen

Stein

Münze

Höhle

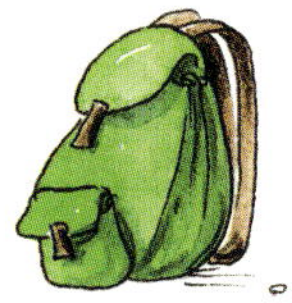
Rucksack

Ohrenschützer

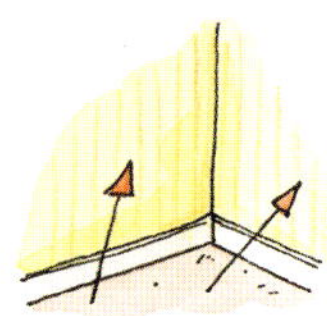
Wände

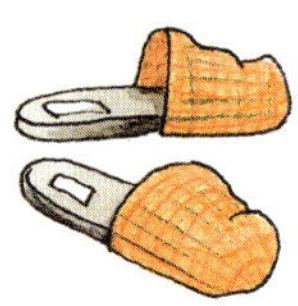
Pantoffeln

Kissen

Sirene

Der siebte Zwerg

Fee

Schaukel

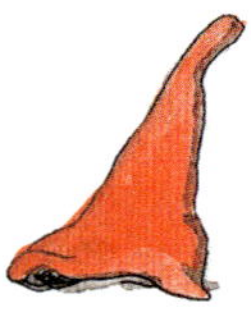
Mütze

Gras

Zwerg

Bart

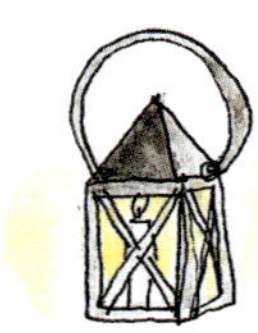
Laterne

Hand

Haus

Garten

Blumen

Welt

Vogel

Baum

Pilz

Augen

Rücken

Flügel

Bach

Backen

Flotte Fahrt

Fahrrad

Feuerwehrauto

Lenker

Sonne

König

Prinzessin

Königin

Pedale

Hügel

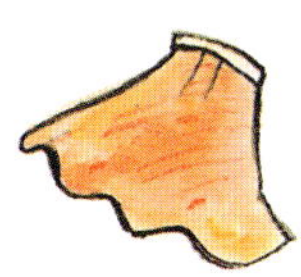

Rock

Klingel

Räder

Badetag

Schloss

Königin

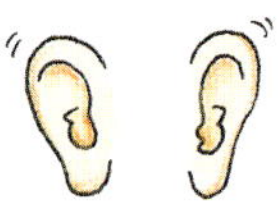
Ohren

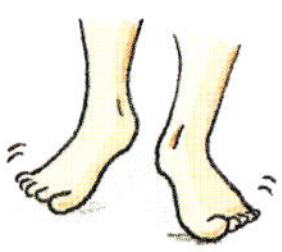
Füße

Badewanne

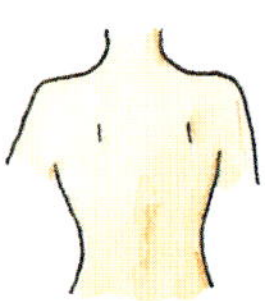
Rücken

Prinzessin

Ferkel

Kleid

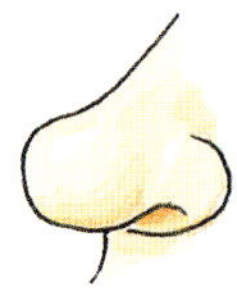
Nase

Hund

Pfanne

Gesicht

Wäscheleine

Fiorina rettet Fünkchen

Fee

Pilz

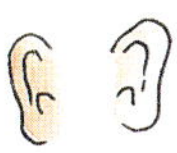

Ohren

Maus

Marienkäfer

Ast

Bach

Flügel

Rücken

Blatt

Zauberstab

Paddel

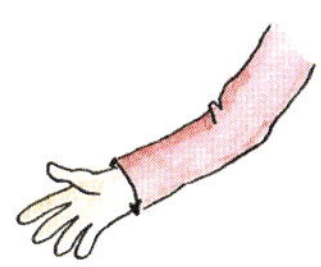

Arm

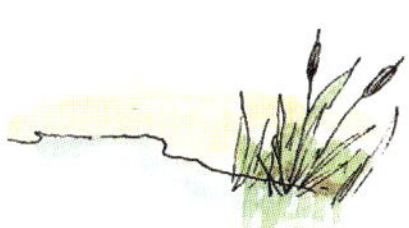

Ufer

Kurz nach Mitternacht

Lampe

Tür

Hund

Räuber

Gespenst

Prinzessin

Bett

Koch

Schloss

Kühlschrank

Milch

Eier

Nüsse

Schrank

Tisch

Kuchen

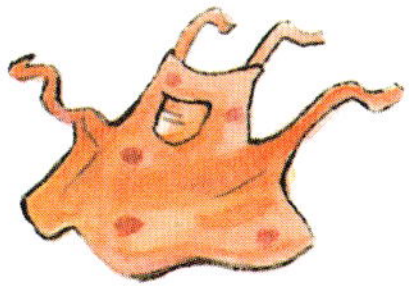
Schürze

Schneebesen

Schüssel

Backform

Backofen

Kiri kann fliegen

Feen

Frosch

Elfen

Blüten

Tulpe

Rücken

Sonne

Himmel

Köpfe

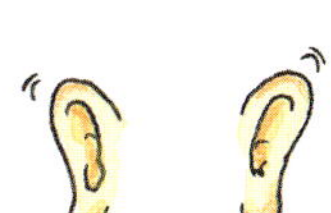
Ohren

Lesen lernen mit Pferden und Ponys

Lesen lernen mit Pferden und Ponys

ISBN 978-3-8112-3505-2, 128 Seiten

€ 5,95 (D) / € 6,20 (A)

Auf ins Pferdeparadies! Aufregende Abenteuer mit Ponys und Pferden, spannende Erlebnisse auf dem Ponyhof, beim Reitenlernen und Ausreiten, dazu eine ganz besondere Überraschung.

In diesen Geschichten werden alle Hauptwörter durch kleine Bilder ersetzt, sodass schon Kinder ab 5 Jahren aktiv mitlesen und einen ersten Schritt zum selbstständigen Lesen machen können.

gondolino